LA FOLLIA DEL NAZISMO

Dall'ideologia totalitaria alla risoluzione finale della Shoah

LA FOLLIA DEL NAZISMO

Dall'ideologia totalitaria alla risoluzione finale della Shoah

scritto da Justine Dutertre
tradotto par Sara Rossi

LA FOLLIA DEL NAZISMO

- **Fondazione del partito politico:** L'8 agosto 1920, con il nome ufficiale di *Nazionalsozialistische Deutsche Arbeiter Partei* (NSDAP), a Monaco di Baviera, Germania. Esisteva con il nome di *Deutsche Arbeiter Partei* (DAP) dal gennaio 1919.

- **Personalità emblematiche:**

  - Anton Drexler (1884-1942): fondatore dell'embrione del partito nazista, il DAP (Partito Tedesco dei Lavoratori), e primo presidente del NSDAP.

  - Adolf Hitler (1889-1945): leader del partito nazista dal 1921, capo della Germania dal gennaio 1933 con i titoli di Cancelliere e poi di *Führer* ("capo").

  - Heinrich Himmler (1900-1945): Ministro degli Interni del Terzo Reich, fu anche capo delle SS, la guardia personale di Hitler. Mise in atto la "Soluzione Finale" o sterminio degli ebrei d'Europa.

  - Joseph Goebbels (1897-1945): Ministro dell'Educazione del Popolo e della Propaganda, fu uno dei più potenti dignitari del regime nazista.

  - Adolf Eichmann (1906-1962): ufficiale delle SS e alto funzionario del Terzo Reich, fu uno dei principali attori della logistica della "Soluzione Finale".

  - Klaus Barbie (1913-1991): ufficiale delle SS, membro della Gestapo e responsabile della deportazione di molte persone fin dall'inizio della guerra. Nel 1942 fu promosso a capo della Gestapo di Lione, posizione che gli valse il soprannome di "macellaio di Lione".

- **Concetti chiave:**
  - Regime totalitario: il NSDAP è l'unico partito politico consentito nella Germania nazista.

  - Ideologia razzista, antisemita e ultranazionalista di estrema destra, che ha portato all'attuazione del più grande genocidio del XX secolo.

  - Sostegno ai membri fin dalla prima infanzia, attraverso movimenti come la Gioventù hitleriana e organizzazioni militari e paramilitari.

Movimento politico contestato, il nazismo evoca per sempre la follia omicida e la mostruosità distruttiva di un'ideologia profondamente razzista e antisemita. Di questo movimento politico tedesco la storia ricorda soprattutto il suo protagonista, Adolf Hitler, e il suo partito unico, lo strumento con cui attuò i suoi ideali ultranazionalisti: il NSDAP, o "Partito Nazionalsocialista dei Lavoratori Tedeschi".

Dal 1918 in poi, nell'Europa tra le due guerre, i leader carismatici sedussero le folle indebolite. I movimenti politici flirtavano con gli estremi: il fascismo nell'Italia di Mussolini, il comunismo radicale nella Russia leninista e poi stalinista... In una Germania ferita dalla sconfitta del 1918, umiliata fino al midollo dal Trattato di Versailles, la breccia era aperta per l'irruzione delle idee più rivoluzionarie e agitanti. I tedeschi avevano bisogno di speranza, di cambiamenti sociali e di stabilità economica, e il Partito dei Lavoratori Tedeschi (DAP, che presto si sarebbe chiamato "Nazionalsocialista") prometteva di portarli. Nuove e fresche, un passato umiliante gettato via, queste erano le promesse fatte al popolo tedesco.

Sostenuta da scritti inequivocabili, la dottrina nazionalsocialista traeva le sue risorse dallo spirito distruttivo e vendicativo dei suoi leader, al servizio del desiderio di una razza "pura", di una nazione uniforme e di una politica che si sostituisse alla religione.

Il nazismo, la follia di uomini spinti al limite, il desiderio di grandezza e di piena potenza, lascerà alla fine solo l'orrore del più terribile genocidio del XX secolo.

L'IDEOLOGIA DEL NAZISMO

UN IDEALE TOTALITARIO

L'obiettivo primario del nazismo, che è ciò che lo rende così speciale, è soprattutto quello di diventare un regime totalitario, cioè capace di controllare totalmente il popolo tedesco nelle sue azioni e nei suoi pensieri. Le masse devono imperativamente conformarsi ai princìpi voluti dal regime:

- una devozione smisurata al partito unico;

- l'epurazione della popolazione da tutte le categorie di persone considerate impure (zingari, ebrei, slavi, neri, disabili mentali e fisici, omosessuali, oppositori politici);

- forte opposizione al cristianesimo, con il partito che si afferma come nuova "religione di Stato".

Un ideale totalitario definito, in breve, dal desiderio di creare un popolo perfetto, al di sopra di tutti gli altri, destinato a durare nel futuro grazie alle sue capacità superiori. Infine, l'idea molto forte di uno "spazio vitale" tedesco (*Liebensbraum*), favorevole all'espansione territoriale, avrebbe portato alla colonizzazione delle terre dell'Europa orientale.

IL DESIDERIO DI CREARE UNA "RAZZA PURA"

Il principio stesso del regime nazista, così come inteso dai suoi leader, in particolare da Adolf Hitler, si basa sull'idea di una nazione tedesca "pura", cioè libera da tutti gli individui considerati inadatti a contribuire allo sviluppo della Patria. Il futuro dittatore espresse molto presto i suoi ideali razziali in un libro edificante, *Mein Kampf* ("La mia lotta"), scritto nel 1924 mentre era in prigione dopo il fallito tentativo di prendere il potere nel putsch di Monaco (8 novembre 1923). In esso Hitler esponeva la sua concezione della razza perfetta, la razza ariana, superiore per capacità intellettuali e aspetto fisico, dedita anima e corpo alla Nazione. Egli mutuò dalle teorie pseudo-mediche in voga dalla fine del XIX secolo una classificazione delle razze umane, ammettendo una gerarchia tra le "razze buone" e le altre, quelle destinate a essere educate (i latini), ridotte in schiavitù (i neri in particolare) o semplicemente sterminate (gli ebrei e gli zingari). Hitler fu categorico: l'ariano tipico deve avere la pelle bianca, i lineamenti del viso fini (fisionomia nordica), una corporatura atletica e non deve essere menomato da alcun handicap fisico o mentale. Il suo aspetto deve dare un'impressione di forza e salute, il *Mannesideal* (ideale di virilità).

Dal 1933 e dall'avvento del Terzo Reich, questo aspetto eminentemente razzista dell'ideologia nazista fu sistematicamente inculcato ai bambini tedeschi. Nelle scuole si usavano rozze caricature per distinguere i "buoni ariani" dai presunti fisici poco attraenti delle popolazioni nere, ebree e nordafricane. Con l'aiuto di tabelle di misurazione morfologica, gli alunni hanno misurato la lunghezza del loro naso o la distanza tra gli occhi dei loro compagni di classe: un argomento "scientifico" per confermare la teoria.

La convinzione di una razza germanica superiore e l'imperativo di preservarla da mescolanze e miscegenazioni erano alla base della pretesa del regime nazista di sradicare intere categorie della popolazione.

 ## I *LEBENSBORN*, ASILI NIDO DEL REGIME

Tra il 1935 e il 1945, nell'ambito della sua politica eugenetica, il regime istituì dei centri di riproduzione destinati a "produrre" bambini di pura razza ariana. Spesso frutto dell'unione consensuale di soldati tedeschi delle SS con donne tedesche considerate razzialmente pure, i neonati venivano allevati da infermiere prima di essere affidati a famiglie accuratamente selezionate.

Si stima che tra i 9.000 e i 12.000 bambini siano nati nei circa 30 *Lebensborn* in Germania, Francia, Norvegia, Polonia, Austria, Belgio e Paesi Bassi.

ANTISEMITISMO

L'ebreo era il capro espiatorio per eccellenza del nazismo. L'odio di Adolf Hitler per la comunità ebraica risaliva alla Prima Guerra Mondiale: egli riteneva i suoi superiori militari ebrei responsabili della sconfitta. La sua ossessione per gli israeliti derivava da questo, in quanto venivano sistematicamente descritti come manipolatori, corruttori e bugiardi. Accusati di voler controllare il mondo attraverso una vasta cospirazione che avrebbe combinato il monopolio della stampa e delle finanze mondiali, il capitalismo e la democrazia, gli ebrei erano presentati come la cancrena del popolo ariano. Il partito nazista, una volta alla guida della Germania, si era quindi posto il compito di sbarazzarsi del "problema ebraico", né più né meno.

Questa ambizione, sempre sostenuta da teorie pseudo-scientifiche, fiorì nella diffusione di un'intensa propaganda: manifesti, cartoline, disegni e film che raffiguravano un ebreo, a volte diabolico, a volte vampiro, sempre vile e approfittatore, e deformato da un naso adunco. Questa campagna portò al graduale sviluppo di una legislazione antisemita volta a isolare gli israeliti dalla società tedesca. Boicottaggi economici, perdita di diritti civili e politici, umiliazioni e violenze spinsero migliaia di ebrei a lasciare la Germania di Hitler prima della guerra. Nel 1942, molti di loro furono coinvolti nella "soluzione finale" intrapresa su scala europea.

 ## RAZZISMO BIOLOGICO

Il nazismo si basava su convalide "scientifiche" per legittimare la sua teoria della classificazione razziale, insegnata nelle facoltà universitarie. Si ispirò in particolare all'opera di Joseph Arthur de Gobineau (diplomatico e scrittore francese, 1816-1882) e di Houston Stewart Chamberlain (scrittore tedesco di origine britannica, 1855-1927), che diedero alle teorie evolutive di

Charles Darwin (naturalista britannico, 1809-1882) una dimensione nazionalista.

ANTICRISTIANESIMO, ANTICAPITALISMO E ANTICOMUNISMO

Un'altra caratteristica dell'ideologia nazista era la sua violenta opposizione ad altre forme di pensiero, fossero esse politiche, sociali o religiose. Il regime si era quindi assunto il compito di eliminare tutto ciò che non corrispondeva alla propria visione del mondo e della razza.

Questo valeva per il cristianesimo. Anche la religione cristiana, che aveva avuto origine dal giudaismo, aveva lo svantaggio di avere un rapporto vergognoso con il corpo e la sessualità. Per il regime nazista, che celebrava un discorso eugenetico basato su teorie mediche, riproduttive e scientifiche, il cristianesimo rappresentava un ostacolo all'obiettivo della sopravvivenza della razza.

Anche il capitalismo era aspramente contrastato. Presumibilmente nelle mani degli ebrei, che lo avrebbero usato per controllare e schiavizzare il mondo, il capitalismo era particolare in quanto propugnava il successo personale, un obiettivo incompatibile con l'ideale cosiddetto "socialista" del regime hitleriano: una comunità dedita alla patria. Tuttavia, la dottrina nazista non aveva nulla in comune con il comunismo: si opponeva al principio di uguaglianza tra gli uomini, mentre il marxismo mirava a eliminare le differenze di classe sociale. In realtà, "nazionalsocialismo" è un termine vago che permette ai teorici nazisti di recuperare la popolarità della parola "socialismo", di proclamare un "bene comune", garantendo al contempo la supremazia della Nazione. Il termine "nazionalista" potrebbe bastare per definire la maggior parte del regime nazista.

COESIONE DI MASSA E DISCORSI SEDUCENTI

I leader del regime nazista si resero subito conto che lo spirito di coesione permetteva loro di mobilitare le folle a loro piacimento. Le grandi riunioni popolari organizzate a gloria del partito (come il Congresso di Norimberga, il raduno annuale della NSDAP) erano quindi occasioni per riunire la folla in un'unica voce. La perfezione ariana voluta dal regime non si fermava alla perfezione fisiognomica: anche la devozione alla nazione era un elemento indispensabile. L'ariano modello doveva possedere la virtù dell'altruismo, lavorare e fare tutto, non per il proprio bene, ma per l'intero popolo, per la *Volksgemeinschaft* (*comunità* del popolo). Il nazismo è caratterizzato dalla negazione dell'individuo a favore della massa, che deve essere inquadrata in uno spirito coesivo.

Adolf Hitler, innegabilmente conosciuto come un brillante oratore capace di produrre i discorsi più persuasivi, riuscì perfettamente a diffondere l'ideologia del suo partito attraverso l'emulazione che creava durante le sue apparizioni pubbliche. Sapeva che due fattori giocavano a suo favore: la capacità di produrre un discorso seducente, attraverso un atteggiamento dinamico ed estremamente carismatico, e l'effetto gruppo, cioè lo stimolo e il dinamismo generati dal sentirsi uniti in una folla. Hitler non parlava, ruttava letteralmente, a volte fino a entrare in trance per la sua stessa forza; ancora oggi è un personaggio che viene spesso caricaturizzato al cinema o in televisione per il suo modo galvanizzante di parlare.

 ## UN PARADOSSO SORPRENDENTE

Hitler aveva paura di parlare alla radio. In studio, senza un pubblico che lo applaudisse fanaticamente, non era più l'oratore carismatico che era davanti al pubblico. Poiché la radio era un mezzo di propaganda essenziale durante la "guerra delle onde", il ministro Joseph Goebbels, responsabile della propaganda, aggirò questo handicap organizzando cerimonie pubbliche per garantire che i discorsi del *Führer* fossero trasmessi in diretta alla radio.

L'individuo si lascia trasportare dai gesti imposti e dagli slogan che si levano a una sola voce. Hitler impose al suo popolo un intero cerimoniale ben definito: in particolare il saluto nazista, rimasto tristemente famoso, con le braccia e le mani tese verso il cielo. Un gesto che non è insignificante per il *Führer*: deriva dal saluto agli imperatori romani e, prima di diventare l'insegna del suo partito, era più generalmente conosciuto come saluto fascista. Hitler lo riprese e vi aggiunse lo slogan imposto *Heil Hitler*, che può essere tradotto come "Lunga vita a Hitler".

Queste cerimonie naziste, tenute come un rito religioso, erano una dimostrazione spettacolare del potere del regime e contribuirono a creare un culto del *Führer*.

GIOVENTÙ HITLERIANA

Nella sua opera di indottrinamento, lo Stato nazista cercò di impadronirsi dell'educazione dei giovani tedeschi. Dopo aver riorganizzato l'istruzione, promosse un movimento giovanile nazista: la *Hitlerjugend* o "Gioventù hitleriana".

Il movimento, fondato nel 1926 su iniziativa di Baldur von Schirach (1907-1974), che ne fu il leader, sostituì le altre associazioni giovanili nel 1933. Nel 1936 l'iscrizione alla Gioventù hitleriana divenne obbligatoria. Una sorta di campo vacanze e di "scuola del sabato", il movimento formava i piccoli ariani imponendo loro (con il pretesto di una "proposta") un vasto programma con finalità educative. Era organizzata secondo diverse categorie di età e di genere: a partire dall'età di 10 anni, i ragazzi imparavano a diventare buoni soldati destinati a ingrossare le file dell'esercito all'interno del *Deutsche Jungvolk* ("gioventù tedesca"); a 14 anni entravano nella *Hitlerjugend. Le* ragazze furono accolte nel *Jungmädelbund* ("Lega delle ragazze"), dove impararono il ruolo di madri e mogli modello, prima di entrare nel *Bund Deutscher Mädel* ("Lega delle ragazze tedesche").

L'obiettivo era quello di sottrarre i bambini all'influenza delle loro famiglie per iniettargli gli ideali nazionalsocialisti: elogio della forza, culto del corpo, disciplina e militarizzazione. Secondo i principi del partito, venivano insegnati l'antisemitismo e la fedeltà al *Führer*, con un tale fanatismo che alcuni giovani arrivavano a denunciare i loro parenti, o addirittura i loro genitori, se questi si opponevano al regime.

 ## INDOTTRINAMENTO DI MASSA

La Gioventù hitleriana contribuì al reclutamento di un numero impressionante di giovani: alla fine del 1938, ben 7.728.259 bambini furono coinvolti in queste organizzazioni. Molti di loro trovavano poi lavoro come soldati, se erano ragazzi, e spesso nelle fabbriche o negli ospedali, se erano ragazze.

LA PROPAGANDA AL SERVIZIO DEL PARTITO

Il regime nazista utilizzò la propaganda come una vera e propria arma per conquistare le masse, mobilitando tutti i mezzi di comunicazione: stampa, radio, manifesti, film, arte, ecc. La sfida consisteva nel sedurre tutti gli strati della popolazione con mezzi semplici e allo stesso tempo molto efficaci. Nel complesso, la retorica propagandistica si cristallizzò attorno a due messaggi principali: la promozione della superiorità ariana e la svalutazione degli avversari ideologici, politici e militari.

L'iconografia era particolarmente utilizzata. I manifesti erano numerosi e visivamente molto forti. Alcuni erano costruiti attorno a un modello di perfezione: l'uomo nuovo, l'ideale ariano, è rappresentato all'interno della sua famiglia, per "ispirare" la popolazione.

Alcuni di essi contribuivano al culto della personalità del *Führer*, ritraendolo in una forma molto protettiva, un benevolo "padre della nazione" che guarda con fiducia ai giovani tedeschi o al popolo in generale. Altri manifesti cercavano di instillare l'odio con caricature grottesche e terrificanti di figure ebraiche, bolsceviche o britanniche. Spesso questa iconografia persuasiva è accompagnata da slogan forti, come *Ein Kampf, Ein Sieg* ("Una lotta, una vittoria").

Tra i libri di propaganda, il *Mein Kampf* di Adolf Hitler fu dato come regalo di nozze di Stato alle giovani coppie tedesche a partire dal 1936. I cinema proiettavano film finanziati dal regime, come *Olympia* di Leni Riefenstahl (tradotto in francese come *Les Dieux du Stade*), che elogiava gli atleti tedeschi, o documentari antisemiti (*Le Juif Süss*), anglofobi (*Le Président Krüger*) o che sostenevano l'eutanasia dei disabili (*L'Héritage*). Anche la radio, imbavagliata dalle autorità, sussurrava note di propaganda tra un concerto di Wagner e un programma di jazz. La radio dette anche risalto alle "cerimonie naziste" che ancora oggi danno forma al culto della personalità, un elemento noto che impone il leader del regime come unico idolo da venerare.

I CAMPI DI STERMINIO E L'ELIMINAZIONE DEGLI OPPOSITORI

Infine, l'eliminazione degli oppositori del regime era la punta di diamante dell'ideologia nazista, così come lo sradicamento delle razze inferiori. La dittatura istituì una vera e propria caccia, organizzata da forze di polizia statali come le SS (*Schutzstaffel* o "squadrone di protezione"), le SA (*Sturmabteilung*, "sezione d'assalto") o la Gestapo (*Geheime Staatspolizei*, polizia segreta del Terzo Reich). I metodi di eliminazione erano radicali: imprigionamento, tortura, invio in campi di concentramento o di sterminio principalmente in Polonia (Auschwitz) e in Germania (Bergen Belsen).

Tra il 1933 e il 1945 furono costruiti 42.500 campi nazisti (di detenzione, di concentramento, di transito, di sterminio). Le atrocità commesse in quel luogo sono spesso al di là di ogni immaginazione: sterilizzazioni forzate ed esperimenti medici mortali (mantenimento in acqua ghiacciata, iniezioni di ammoniaca nelle vene). Umiliazioni pubbliche, maltrattamenti fisici, freddo, fame e mancanza di igiene punteggiavano la vita quotidiana dei prigionieri e causavano scompiglio: da 15 a 20 milioni di persone caddero vittime di questi campi, morendo di fame, di malattie come il tifo o la dissenteria, o venendo asfissiate nelle camere a gas e bruciate nei forni crematori.

BREVE STORIA DEL NAZISMO

UN CONTESTO FAVOREVOLE AL NAZIONALISMO

1919. Alla fine della Grande Guerra, la sconfitta gettò la Germania nello scompiglio. Il Trattato di Versailles, firmato a malincuore il 28 giugno con gli Alleati, rafforzò il profondo senso di umiliazione del popolo tedesco: un trattato "di pace", che condannava la Germania a risarcimenti finanziari impagabili, amputava vaste aree di territorio e distruggeva la sua potenza militare. Tra vergogna, miseria e desiderio di rinnovamento, le proteste crebbero. Proprio a Monaco nacquero molti piccoli gruppi il cui nazionalismo tendeva a radicalizzarsi, alimentando le fiamme dell'agitazione.

Tra questi, il 5 gennaio 1905 fu fondato il Partito dei Lavoratori Tedeschi o DAP (*Deutsche Arbeiter Partei*). Alla sua guida c'erano due uomini con idee molto chiare: Karl Harrer (1890-1926), giornalista, che fu nominato leader del partito, e Anton Drexler, fabbro di professione, capo della sezione di Monaco.

Adolf Hitler si unì al DAP nel settembre 1919. All'epoca era un piccolo caporale decorato con la Croce di Ferro, amareggiato per la sconfitta tedesca. Si iscrisse al partito dopo aver partecipato a una conferenza che lo aveva colpito. Fece amicizia con Drexler e quest'ultimo gli affidò un libretto di cui era autore: *Il mio risveglio politico*. Hitler si sentiva perfettamente in sintonia con le idee del partito, in particolare con il suo carattere nazionalista. Il 12 settembre iniziò a parlare in pubblico. Drexler individuò il suo eccezionale talento oratorio e gli affidò il posto di direttore della propaganda del DAP: Hitler era responsabile di convincere e sedurre i futuri membri. Fin dall'inizio, fu un piacere per il pubblico.

Nel gennaio 1920, Drexler successe a Harrer. Su pressione di Hitler, cambiò il nome del partito: il DAP divenne il "NSDAP" (*Nazionalsozialistische Deutsche Arbeiter Partei*, o "Partito Nazionalsocialista dei Lavoratori Tedeschi"). Il movimento divenne più generalmente conosciuto come Partito Nazista (abbreviazione di *Nationalsozialistisch*).

Ma i rapporti tra Hitler e Drexler si deteriorarono presto. Nel 1921, approfittando di un viaggio di Hitler, il suo rivale lo accusò apertamente di voler prendere le redini del partito : fu immediatamente estromesso per diffamazione. Hitler assunse la guida del NSDAP il 29 luglio 1921; Drexler mantenne solo una posizione onoraria.

 ## L'ORIGINE DELLA SVASTICA NAZISTA

Fu nel *Mein Kampf* che Hitler delineò l'idea di un simbolo forte per il partito nazista. La svastica non fu scelta a caso: era già l'insegna dell'Ordine Germanico, un gruppo antisemita legato al partito. La **svastica**, un simbolo molto antico che compare in diverse civiltà del mondo, è considerata in Europa un simbolo ariano. Fu quindi ripreso come emblema da Hitler, spesso inclinato a 45°, con colori forti (nero per la razza ariana, bianco per il nazionalismo, rosso per il socialismo)

per accentuarne ulteriormente l'impatto visivo. La svastica nazista fu esposta pubblicamente per la prima volta il 20 maggio 1920 dal NSDAP.

L'ESPANSIONE DEL MOVIMENTO HITLERIANO

Ormai solo a capo del partito politico, Hitler intendeva estendere la sua influenza al maggior numero di persone possibile. Riuscì a mettere sotto il suo controllo tutte le leghe di estrema destra della Germania meridionale e fondò rapidamente la sua prima organizzazione paramilitare, la SA (*Sturmabteilung*). Questa "sezione d'assalto" reclutava i suoi membri attraverso la creazione di un'associazione sportiva.

Nulla sembrava poterlo fermare. Nel 1923 una grave crisi valutaria scosse il paese già febbricitante: il valore del marco crollò, i prezzi salirono alle stelle e i tedeschi erano diventati più poveri. Incapace di pagare i debiti di guerra, la Germania fu invasa dalle truppe belghe e francesi che volevano sfruttare le risorse industriali della Renania. Hitler aveva un argomento in più per convincere il popolo ad affidarsi a lui. Denunciò il Trattato di Versailles e si presentò come salvatore del popolo.

In Italia, il successo del fascismo eccitò l'ambizione di Hitler. Ispirato dalla "marcia su Roma" di Mussolini nel 1922, tentò anche di prendere il potere con la forza l'8 novembre 1923 in una birreria di Monaco. Ma il suo tentativo di putsch fallì. Hitler fu condannato a cinque anni di reclusione per tradimento e rinchiuso nella fortezza di Landsberg.

Alla fine, l'agitatore fu detenuto solo per 13 mesi, che utilizzò per scrivere *il Mein Kampf*. In quest'opera espose le sue teorie ultranazionaliste, il suo odio per gli stranieri e in particolare per gli ebrei e gli zingari. Cercò di dimostrare che era la volontà della natura a garantire la supremazia della pura razza ariana, una volta liberata da tutto ciò che poteva viziarla e intaccare il suo "spazio vitale". Al momento della scarcerazione, nel novembre 1924, Hitler era determinato a riprendere le sue attività di attivista politico, a riunificare il partito indebolito dai dissensi interni e a riconquistare i membri persi durante la lunga detenzione.

UNA RAPIDA ASCESA

Per essere sicuro di mantenere il controllo del partito nazista e per conquistare una classe media più moderata, Hitler optò per una strategia più morbida per un certo periodo, smussando il suo discorso politico. Non era più tempo di rivolte, perché la stabilizzazione del valore del marco aveva permesso alla democrazia di prendere piede. Nel febbraio 1925 Hitler riorganizzò il partito e si circondò di una "brigata di protezione", le SS (*Schutzstaffel*), *sotto la* guida di Heinrich Himmler. Allo stesso tempo, si adoperò per sviluppare un culto intorno alla sua personalità di ex caporale, sapendo che la popolazione aveva bisogno di un leader "forte". Il NSDAP aumentò gradualmente i suoi membri, soprattutto tra le classi medie e alte, ma non riuscì a fare breccia nelle elezioni del 1928.

Ma nel 1929, la Grande Depressione causò un ritorno della disoccupazione e dell'inflazione. Questa situazione faceva comodo a Hitler, che promise di ripristinare il potere tedesco. Poiché la Repubblica era impotente a risolvere i problemi economici e sociali, perché non cambiare radicalmente il regime? Il NSDAP conobbe un successo folgorante: da 176.000 membri nel 1929, ne contava quasi quattro milioni nel 1931. Alle elezioni del 1930 ottenne 107 deputati e divenne il secondo partito del Reichstag. Importanti personalità assicurarono a Hitler il loro sostegno, tra cui il propagandista Joseph Goebbels, che fu nominato *Gauleiter* (capo) di Berlino con la missione di conquistare la città.

Da quel momento in poi, tutti i tentativi di sciogliere le organizzazioni hitleriane fallirono. Era troppo tardi: l'ascesa al potere di Hitler era inevitabile. Le SA aumentarono le dimostrazioni di forza, come le parate di massa in camicia bruna. Il 30 gennaio 1933, dopo molti tentennamenti, il presidente Paul von Hindenburg (1847-1934) accettò di nominare Hitler cancelliere della Repubblica di Weimar.

IL NAZISMO PER MANO DI ADOLF HITLER

In seguito a ciò, Hitler ottenne dal Presidente von Hindenburg lo scioglimento del Reichstag: voleva dare al suo partito una maggioranza inattaccabile nelle nuove elezioni federali. Alle elezioni parlamentari del 5 marzo 1933, il NSDAP ottenne la maggioranza con il 43,9% dei voti. Hitler fu quindi in grado di approvare la "Legge sui pieni poteri" per un periodo di quattro anni: ora aveva il diritto di promulgare leggi senza l'approvazione del Parlamento né la firma del Presidente del Reich. La dittatura non era lontana.

Il Partito Nazionalsocialista si rivelò nel suo triste splendore: sotto i discorsi politici, era un'ideologia profondamente razzista e inegualitaria quella che animava Adolf Hitler e i suoi simpatizzanti. Joseph Goebbels (1897-1945), nominato Ministro dell'Educazione del Popolo e della Propaganda il 14 marzo 1933, fu incaricato di diffondere i suoi precetti. Ben presto, tutti gli aspetti della vita culturale furono messi sotto controllo.

L'AUTODAFÉ DEL 1933:
DISTRUGGERE GLI "SCRITTI EBRAICI DANNOSI"

La sera del 10 maggio 1933, a Berlino, gli studenti sostenitori del nazismo guidarono camion carichi di libri dalla Porta di Brandeburgo al Teatro dell'Opera. Scaricarono lì il loro carico e, nonostante la pioggia che cadeva sulla città, procedettero a distruggere i libri bruciandoli. In totale furono bruciati 20.000 libri dei più grandi autori ebrei: Sigmund Freud, Karl Marx, Franz Kafka e molti altri. Joseph Goebbels, presente al rogo, pronunciò un discorso radiofonico in cui invitava tutti gli studenti tedeschi a lottare contro la distribuzione delle opere di artisti giudicati "degenerati", affinché "lo spirito tedesco trionfasse una volta per tutte in una Germania risvegliata per sempre" (AYCARD (Mathilde) e VALLAUD (Pierre), *Hitler contro Berlino 1933-1945*, p. 56). Allo stesso tempo, in tutta la

Germania si verificarono simili autodafé rituali, nonché il divieto da parte dei musei di esporre quadri di Picasso, Matisse, Cézanne e Chagall.

Nella sua ricerca dell'assolutismo, Hitler arrivò a epurare il suo stesso movimento. Nella notte tra il 29 e il 30 giugno 1934, nota anche come "Notte dei lunghi coltelli", un centinaio di oppositori, soprattutto membri delle SA, furono messi a ferro e fuoco: il candidato alla dittatura aveva bisogno di calmare l'ardore di un'organizzazione la cui violenza era diventata ingombrante.

Nell'agosto del 1934, dopo la morte del maresciallo Hindenburg, Hitler assunse le funzioni di capo di Stato, abolì il titolo di "Presidente" e si attribuì il titolo di "*Führer* e Cancelliere del Reich". Il regime si orientò così verso una nuova forma di legittimità: Hitler non traeva più il suo potere da un provvedimento costituzionale, ma dalla presunta volontà del popolo.

Le religioni furono bandite dallo Stato hitleriano: spettava a un solo uomo, il supremo, plasmare il resto dell'umanità; a questo prescelto spettava il compito di decidere il destino della *Volksgemeinschaft* ("comunità del popolo"). Spettava inoltre a lui preservare la superiorità della razza ariana, che doveva conquistare un impero, eliminando gli elementi impuri: le razze inferiori (ebrei, persone di colore), i "pazzi" (malati di mente e omosessuali) e gli "asociali" (zingari, mendicanti, prostitute, alcolisti).

Il personaggio di Adolf Hitler è oggetto di molti fiumi di inchiostro e, come fonte di tutte le fantasie, ci sono molti aneddoti sulla sua vita privata. Era un uomo di potere e di grandezza, capace di commettere i peggiori crimini per soddisfare il suo desiderio di onnipotenza, e la sua ossessione per la salute e l'igiene non era limitata agli altri. Margot Woelk (nata nel 1917), che fu una delle sue assaggiatrici ufficiali durante la Seconda Guerra Mondiale, rivela che il *Führer* seguiva uno stile di vita molto rigoroso, non consumando carne, pesce, alcol e tabacco e mangiando solo prodotti freschi. Dice che era terrorizzato dal fatto che il suo cibo fosse avvelenato.

VIETARE L'INDESIDERATO

La prima vittima del nazismo fu la grande comunità ebraica. Una volta preso il potere, Hitler realizzò i progetti di persecuzione promessi da tempo dal NSDAP. Furono emessi più di 400 decreti per bandire progressivamente gli ebrei dalla società. Nell'aprile del 1933, gli israeliti persero il diritto di esercitare alcune professioni (in ambito amministrativo, giudiziario, legale e medico). Le università limitarono l'iscrizione di studenti ebrei. Nel 1935, le "Leggi di Norimberga", in particolare la "Legge per la protezione del sangue e dell'onore tedesco", definirono le regole di appartenenza degli ebrei. Un'ordinanza dopo l'altra, diventarono sempre più liberticide. Gradualmente, agli ebrei fu negato l'accesso ai parchi pubblici, ad alcuni negozi, alle biblioteche, alle piscine, ai cinema e ai centri sportivi. Persero la nazionalità tedesca, i diritti politici e il diritto di sposare un cittadino di sangue tedesco. Le loro industrie furono boicottate. In molte città, le zone furono definite "ariane". Fu introdotto il coprifuoco. Gli ebrei furono soffocati in casa.

 ## I GIOCHI OLIMPICI DEL 1936

Sebbene Hitler avesse stabilito regole molto severe contro gli ebrei, vietando persino la macellazione rituale degli animali per impedire loro di osservare le leggi alimentari, fece un'eccezione durante i Giochi Olimpici del 1936, che si tennero a Garmisch-Partenkirchen e a Berlino. Per non incorrere nell'ira di altri Paesi e per evitare il rischio di un calo del turismo in Germania, egli allentò la sua politica antisemita con un certo anticipo, rimuovendo tra l'altro i cartelli che vietavano agli ebrei di frequentare determinati luoghi. Tuttavia, la severità nei confronti degli ebrei fu ripresa dopo i Giochi.

Nella notte tra il 9 e il 10 novembre 1938, un violento pogrom inaugurò la serie di atrocità commesse contro gli ebrei nel corso della futura guerra mondiale: in tutto il Reich, membri delle SA, delle SS, della Gioventù hitleriana e della Gestapo diedero fuoco alle sinagoghe e saccheggiarono le aziende ebraiche. Centinaia di israeliani furono picchiati, mandati nei campi di concentramento o uccisi. Questa "Notte dei cristalli", dettata da Hitler e organizzata da Goebbels, ebbe lo scopo e l'effetto di accelerare la migrazione degli ebrei presenti in Germania: da 525.000 nel 1933, erano solo 214.000 nel 1939.

Nell'autunno del 1939, lo scoppio della Seconda Guerra Mondiale accelerò il processo di liquidazione degli indesiderabili. Hitler firmò l'autorizzazione a eliminare le "vite inutili". I disabili mentali e fisici del Reich furono portati nelle camere a gas. Questa campagna di uccisioni sistematiche, che dopo il 1945 sarebbe stata nota come "Aktion T4", pose le basi per la Shoah. Da parte loro, gli ebrei furono sottoposti a pressioni sempre maggiori: razionamento del cibo, aumento delle restrizioni all'accesso ai negozi, requisizione di beni (radio, biciclette, elettrodomestici, ecc.). Tutto questo con il pretesto di "aiutare lo sforzo bellico". Il 1° settembre 1941 segnò una svolta: un decreto ordinò a tutti gli ebrei tedeschi di età superiore ai 6 anni di indossare una stella gialla. Sotto pena di deportazione, il distintivo doveva essere cucito stretto e indossato in modo visibile: designava gli ebrei all'odio della comunità.

LA "SOLUZIONE FINALE"

Dall'invasione della Polonia nel 1939, e soprattutto dall'invasione dell'Unione Sovietica nel giugno 1941, i nazisti compirono uccisioni di massa della popolazione ebraica cosiddetta "bolscevica". Gli *Einsatzgruppen* ("gruppi di intervento") eliminarono dapprima uomini, donne e bambini con la fucilazione (la cosiddetta "Shoah dei proiettili"), prima di adottare un metodo di esecuzione più economico e più sopportabile per i carnefici: le vittime venivano rinchiuse in un camion e uccise per asfissia con gas di scarico.

Nell'autunno del 1941, il regime di Adolf Hitler decise ufficialmente di sterminare tutti gli ebrei in Europa. Non si trattava più solo di realizzare un "judéocide" localizzato nell'Est, ma di pianificare un genocidio industriale su scala europea. Il capo delle SS, Heinrich Himmler, fu incaricato di attuare questa "soluzione finale", che doveva riguardare circa 11 milioni di ebrei europei (compresi gli ebrei britannici e svizzeri, fuori dalle zone occupate). La storia ricorda la conferenza di Wannsee, tenutasi il 20 gennaio 1942 nei sobborghi di Berlino, durante la quale gli alti dignitari nazisti discussero l'organizzazione amministrativa, tecnica ed economica dell'Olocausto. Adolf Eichmann, un alto funzionario del Reich, fu nominato "amministratore dei trasporti".

I CAMPI DI STERMINIO

Iniziarono allora i grandi rastrellamenti, in Germania come nei Paesi occupati, per catturare gli ebrei prima di deportarli. Intere famiglie furono trasportate in carri bestiame nei sei campi di sterminio aperti tra la fine del 1941 e l'inizio del 1942. Chelmno, Sobibor, Treblinka, Belzec, Majdanek e Auschwitz-Birkenau si aggiunsero ai già pesanti campi di concentramento e detenzione, che traboccavano di prigionieri politici e rappresentanti delle "razze inferiori".

L'obiettivo era di uccidere su larga scala. Scesi dai treni, la selezione era rapida. I più deboli (anziani, bambini, ecc.) venivano immediatamente invitati a "fare la doccia". Nudi, venivano poi asfissiati in lotti di 150 in camere a gas. Coloro che sfuggivano alla selezione venivano lavorati fino alla morte per sfinimento. Le insopportabili condizioni di detenzione furono descritte da alcuni sopravvissuti, tra cui Primo Levi (1919-1987) nel suo famoso libro *Se questo è un uomo* (1947). Alcuni prigionieri furono integrati nei *Sonderkommandos* ("commando dei crematori") e furono costretti a partecipare alla "soluzione finale": recuperarono i cadaveri dei loro compagni di prigionia, estrassero i loro denti d'oro e li trasportarono ai crematori. La storiografia stima che nei campi di sterminio siano morti tra i cinque e i sette milioni di ebrei.

E ALTROVE?

Il nazismo e il suo imperativo "spazio vitale" portarono a una seconda guerra mondiale, dopo il "Der des der". Dal 1940, Hitler estese il suo dominio su una dozzina di Paesi europei. La Francia fu occupata fino al 1944. Inoltre, subì il peso della politica razziale del regime nazista. Come in Germania, la popolazione francese fu "epurata" dai "nemici" del regime: comunisti, combattenti della Resistenza, massoni ed ebrei furono cacciati dalle SS o dalle milizie francesi che agivano agli ordini dell'occupante. Subirono la stessa sorte riservata ai tedeschi perseguitati. Alcune retate rimarranno famigerate per sempre: la retata dei bambini di Izieu da parte della Gestapo (44 bambini deportati il 6 giugno 1944, tutti sterminati), o la retata di Vel' d'Hiv' (13 000 ebrei parigini arrestati il 16 luglio 1942). Klaus Barbie era a capo della sezione di Lione della Gestapo e contribuì alla morte per deportazione di diverse centinaia di ebrei.

Klaus Barbie e molti altri partecipanti più o meno anziani al regime del Terzo Reich furono processati dopo la fine della Seconda guerra mondiale al processo di Norimberga (20 novembre 1945-1 ottobre 1946). Il nazismo era ormai diventato illegale in senso giuridico, e aver partecipato in qualche modo all'attuazione degli ideali che aveva servito era punibile con l'ergastolo o addirittura con la pena di morte.

FIGURE EMBLEMATICHE DEL NAZISMO

ANTON DREXLER, COFONDATORE

Nato il 13 giugno 1884 a Monaco, Anton Drexler fu un politico tedesco, cofondatore e leader del NSDAP dal 1919 al 1921. Bavarese di orientamento nazionalista, lavorò a lungo come montatore di macchine prima di diventare fabbro. Durante la guerra del 1914-1918 fu dichiarato inabile al combattimento, fatto per il quale fu in seguito rimproverato. Poco si sa della sua carriera politica; tuttavia, sembra che durante la guerra Drexler si fosse convinto delle idee ultranazionaliste dei proprietari terrieri borghesi che incontrava.

Drexler assunse quindi la guida delle organizzazioni operaie di Monaco che, sotto la spinta dei circoli nazionalisti pangermanisti (che miravano a unire tutti i popoli germanici in un'unica nazione), tentarono di convertire la classe operaia al nazionalismo, a scapito del marxismo preesistente. All'inizio del 1918 creò a Monaco il *Freier Arbeiterausschuss für einen guten Frieden* (*Comitato dei liberi lavoratori per una pace giusta*).

Il 5 gennaio 1919 fondò con Karl Harrer il DAP (Partito Tedesco dei Lavoratori). Harrer assunse la direzione del partito e a Drexler fu affidata la guida della sezione di Monaco. Fu anche autore di *My Political Awakening*, un libro in cui esponeva le sue idee nazionaliste, antisemite e socialiste, che costituirono la base del DAP.

Primo presidente del NSDAP, fu rapidamente estromesso da Hitler nel 1921, ma mantenne una posizione onoraria fino al 1923, quando fu espulso dal partito. Fu reintegrato nel 1933, ma non ebbe alcuna influenza nel NSDAP. Morì il 24 febbraio 1942 a Monaco, dove visse in isolamento.

ADOLF HITLER, IL VOLTO CENTRALE

Nato il 20 aprile 1889 a Braunau Am Inn, austriaco di famiglia modesta, Hitler si avvicinò molto presto al mondo dell'arte nel quale, nonostante gli sforzi, non riuscì a sfondare. Si avvicinò rapidamente ai gruppi nazionalisti tedeschi e fu un brillante oratore. Nel 1921 divenne leader del partito estremista NSDAP.

Dal gennaio 1933 in poi, governò tutta la Germania, grazie al titolo di Cancelliere del Terzo Reich e poi di *Führer* ("capo"). Mise subito in atto una politica di rimilitarizzazione che voleva essere revanscista di fronte alla sconfitta del 1918, nonché una politica anticomunista, razzista e antisemita. A partire dal 1938 Hitler, a capo della *Wehrmacht* (l'esercito tedesco), avviò l'annessione di diversi territori, tra cui l'Austria e la Polonia, per conquistare lo "spazio vitale" della razza ariana. Durante la Seconda guerra mondiale ordinò anche lo sterminio sistematico degli ebrei.

Dopo lo sbarco alleato del giugno 1944, il destino della Germania sembrava segnato, ma Hitler era ostinato.

A luglio, fu oggetto di un attentato orchestrato da soldati che volevano negoziare con gli Alleati ("Operazione Valchiria", un segno tangibile dell'aumento della resistenza tedesca). Il 30 aprile 1945, nella capitale berlinese assediata dalle forze sovietiche, rifiutandosi di abdicare, il *Führer si* suicidò nel suo bunker. Le circostanze della sua morte rimangono controverse.

HEINRICH HIMMLER, L'UOMO DELLE SS

Heinrich Himmler nacque il 7 ottobre 1900 a Monaco di Baviera da una famiglia cattolica molto religiosa. Figlio di un insegnante, fu anche figlioccio del principe Heinrich di Baviera (1884-1916), da cui prese il nome. Diventato ingegnere agrario all'età di 21 anni, si interessò alla politica, aderendo al NSDAP nell'agosto del 1923. Nello stesso anno partecipò al putsch di Monaco, ma non venne arrestato. Nel 1925 lavorò in collaborazione con Joseph Goebbels e si unì alle SS appena create da Hitler.

L'ammirazione di Himmler per Hitler era illimitata e la sua lealtà incrollabile. Tuttavia, non era uno dei suoi amici più stretti. Gradualmente, scalò la gerarchia del NSDAP, fino a essere nominato capo delle SS il 6 gennaio 1929. Organizzò la polizia (Gestapo), il sistema dei campi di concentramento, l'esercito, ecc. Non si fermò davanti a nulla per soddisfare le ambizioni del suo *Führer*. Capo di tutte le forze di polizia nel 1938, fu promosso Ministro dell'Interno nel 1943. Fu poi responsabile dei campi di concentramento e di sterminio, cosa che gli valse il soprannome di *Jahrhundertmörder* ("l'assassino del secolo") nella storiografia tedesca.

Nel 1944, sapendo che la fine del *Führer* era vicina, confidò al conte Bernadotte (diplomatico svedese, 1895-1948), allora vicepresidente della Croce Rossa svedese, di essere pronto a negoziare un armistizio con l'Inghilterra e gli Stati Uniti, a condizione che la Germania potesse continuare a combattere l'URSS. Hitler ne viene a conoscenza e, pazzo di rabbia, contribuì al suo arresto da parte degli inglesi, costringendolo a fuggire. Si suicidò infine il 23 maggio 1945, sfuggendo così al processo di Norimberga.

JOSEPH GOEBBELS, L'ARTIGIANO DELLA PROPAGANDA

Joseph Goebbels nacque a Rheydt, in Renania, il 29 ottobre 1897 e crebbe in una modesta famiglia cattolica. Una malformazione congenita lo fece zoppicare fin dalla tenera età, ma questo non gli impedì di prosperare negli studi. Nel 1922 conseguì un dottorato in filosofia. Aspirava alla carriera letteraria, ma la politica, campo in cui eccelleva, gli aprì le braccia. Ben presto si avvicinò al nazionalsocialismo e nel 1924 iniziò a lavorare come redattore per un giornale settimanale, il *Völkische Freiheit*, in linea con le sue convinzioni.

Nel 1926 fu nominato *Gauleiter* di Berlino con la missione di imporre la NSDAP in quella città. La sua ascesa fu rapida: nell'aprile del 1930, Hitler lo promosse a capo della Direzione Nazionale della Propaganda, ruolo che lo portò ad attuare i principi del *Führer*. Lo fece con tale zelo e successo che nel 1933, quando i nazisti furono al potere, gli fu affidato il nuovo Ministero dell'Educazione del Popolo e della Propaganda.

Goebbels si dimostrò un propagandista senza pari: vietando tutte le fonti di informazione esterne, riuscì a controllare totalmente la vita intellettuale, artistica e culturale della popolazione tedesca sotto il regime nazista di Hitler. Nulla gli sfuggiva: film, documentari, letture autorizzate, manifesti, musica, tutto era concepito per la gloria del Terzo Reich e per servire gli interessi del *Führer*. Era ironico vedere quest'uomo più piccolo della media, con un fisico zoppicante e poco attraente, dettare gli standard di bellezza della razza ariana...

Durante la Seconda guerra mondiale, fu un aiuto inarrestabile per sollevare il morale dei soldati tedeschi. Molto amico di Hitler, non riuscì a sopportare il suo suicidio nel 1945, né la moglie, fervente sostenitrice del regime. La coppia decise quindi, il 1° maggio 1945, di uccidersi dopo aver ucciso i sei figli.

ADOLF EICHMANN, IL CAPO DELLA "SOLUZIONE FINALE"

Nato il 19 marzo 1906 a Solingen, in Germania, Karl Adolf Eichmann trascorse parte della sua infanzia in Austria, dove studiò ingegneria meccanica. Poco portato per la materia, tornò presto in Germania dove ebbe i primi contatti con oscuri gruppi antisemiti e anarchici.

Si unì al NSDAP il 1° aprile 1932 e si unì poi alle SS. Si fece subito notare, ottenendo una promozione dopo l'altra. Già nel 1935 iniziò a occuparsi di "affari ebraici" all'interno dell'SD (*Sicherheitsdienst*), il servizio di intelligence delle SS. Nel 1938 fu inviato a Vienna per organizzare l'"emigrazione forzata" degli ebrei dall'Austria.

Imparò anche l'yiddish e l'ebraico per portare a termine la sua missione.

Eichmann continuò a scalare i gradi fino a essere nominato capo di una sezione dell'RSHA (l'Ufficio Centrale di Sicurezza del Reich) dedicata agli affari ebraici e all'evacuazione. Fin dall'inizio della guerra, l'ufficiale nazista fu strettamente coinvolto nell'organizzazione della "Soluzione Finale". Nel 1942 fu nominato amministratore dei trasporti, una posizione che lo portò a organizzare la deportazione degli ebrei nei campi di sterminio.

Internato nel 1945 dall'esercito americano, riuscì a sfuggire al processo di Norimberga. L'ex nazista si nascose per qualche tempo in Germania prima di stabilirsi a Buenos Aires, dove visse per dieci anni sotto falso nome. L'11 maggio 1960 fu catturato e rapito dal servizio segreto israeliano Mossad. Processato a Gerusalemme, fu condannato a morte e impiccato il 1° giugno 1962. Il suo processo, che aveva ricevutp una grande attenzione da parte dei media, dette origine a numerosi dibattiti sulla responsabilità dei funzionari nazisti e degli ebrei nell'Olocausto. Nel suo libro *Eichmann a Gerusalemme* (1963), la filosofa ebrea tedesca Hannah Arendt ha sviluppato il concetto di "banalità del male" intorno alla figura di Eichmann.

KLAUS BARBIE, "IL MACELLAIO DI LIONE"

Klaus Barbie nacque il 25 ottobre 1913 in Germania, vicino a Bonn. Membro della sezione di intelligence delle SS nel 1935, si iscrisse al partito nazista nel 1937. Guidò numerose incursioni, in particolare nei Paesi Bassi, ad Amsterdam. Sotto il regime di Vichy, durante l'occupazione tedesca in Francia, fu nominato capo della Gestapo a Lione. Continuò a organizzare deportazioni di massa, in particolare la raccolta di 44 bambini nascosti in una scuola di Izieu, fino al 1944. Fece anche arrestare e torturare molti resistenti, tra cui Jean Moulin, il 21 giugno 1943 a Caluire, un sobborgo di Lione. Il bilancio delle sue azioni nella regione di Lione fu altissimo: più di 10.000 arresti, 1.046 persone fucilate e 6.000 morti o dispersi.

Dopo la sconfitta tedesca nel 1945, Barbie sfuggì due volte al processo fuggendo in America Latina dove prese la nazionalità boliviana sotto il falso nome di Klaus Altman. Processato per crimini contro l'umanità, fu infine deportato in Francia nel 1983. Processato dalla Corte d'Assise di Lione, riconosciuto colpevole di 17 capi d'accusa, fu condannato il 4 luglio 1987 all'ergastolo. Morì il 25 settembre 1991 a Fort Monluc, dove stava scontando la sua pena.

IL NAZISMO OGGI

GIUDICARE E PUNIRE

L'accordo di Londra e il processo di Norimberga

Alla fine della Seconda Guerra Mondiale, nel 1945, il regime nazista e tutte le ideologie su di esso basate furono dichiarate illegali in un accordo tra i governi alleati. I trattati tra USA, Gran Bretagna, URSS e Francia prevedono anche il processo e la punizione dei criminali del regime nazista per l'atrocità dei loro crimini.

 **LA CARTA DI LONDRA**

Alla fine della Seconda Guerra Mondiale, Stati Uniti, Regno Unito, URSS e Francia si riunirono per decidere la punizione dei nazisti. L'8 agosto 1945 firmarono l'Accordo di Londra, che istituiva un Tribunale militare internazionale per processare i criminali di guerra. Le funzioni di questo tribunale sono definite in un documento allegato all'accordo: la Carta di Londra, o Statuto del Tribunale Militare Internazionale.

Il processo di Norimberga si svolse dal 20 novembre 1945 al 1° ottobre 1946. I principali leader del Terzo Reich furono accusati di cospirazione, crimini contro la pace, crimini di guerra e crimini contro l'umanità. Tra gli imputati c'erano Rudolph Hess (1894-1987), successore designato di Hitler, e Wilhelm Keitel (1882-1946), capo del Comando supremo della *Wehrmacht*. Al termine di questo spettacolare processo 12 imputati furono condannati a morte, tra cui Hermann Göring (1893-1946), comandante in capo della *Luftwaffe*, che si impiccò nella sua cella prima dell'esecuzione della sentenza. Sette condannati furono posti in detenzione e tre imputati furono assolti.

Anche le quattro principali organizzazioni naziste furono ritenute colpevoli: il NSDAP, le SS, l'SD e la Gestapo. Non era necessario aver commesso dei reati: il solo fatto di aver fatto parte di queste organizzazioni era già di per sé una colpa.

Questo processo ha avuto molte ripercussioni fino ad oggi. In effetti, il concetto di prescrizione, che tanto spaventava i familiari delle vittime, è stato aggirato dal voto universale di una legge sull'imprescrittibilità dei crimini contro l'umanità (il 26 dicembre 1964 in Francia). Ciò ha permesso l'arresto tardivo di criminali come Klaus Barbie o Maurice Papon (politico francese, accusato di complicità in crimini contro l'umanità, 1910-2007).

Purtroppo, molti criminali nazisti riuscirono a nascondersi o a fuggire e quindi non furono arrestati o processati. Alcuni hanno potuto vivere felicemente senza il rischio di essere processati, mentre altri hanno potuto rimanere tranquillamente nei loro Paesi e condurre una vita normale; ad esempio, alcuni ex criminali nazisti hanno continuato la loro carriera come avvocati o medici molto tempo dopo la guerra.

Il concetto di crimine contro l'umanità

Il processo di Norimberga è importante per il suo ruolo pionieristico nella giustizia internazionale. Ha introdotto, per la prima volta, l'accusa di "crimine contro l'umanità". Definito come "una violazione deliberata e ignominiosa dei diritti fondamentali di un individuo o di un gruppo di individui ispirata da motivi politici, filosofici, razziali o religiosi", secondo l'articolo 6c della Carta di Londra, il crimine contro l'umanità è correlativo al termine genocidio, a sua volta creato nel 1945 dalle Nazioni Unite per designare gli atti commessi con l'intenzione di distruggere tutto o parte di un gruppo etnico, razziale o religioso. Questa nozione sarà utilizzata più tardi nel XX secolo in altri processi.

NAZISMO O HITLERISMO?

Una domanda sorge spesso quando si discute della personalità di Adolf Hitler: l'ideologia nazista è stata la forza trainante del modo di pensare del *Führer*, oppure l'uomo ha plasmato il suo tempo? Più semplicemente, Hitler ha aperto una breccia nel sistema politico esistente o ha seguito una tendenza che era già nell'aria? Il nazismo sarebbe esistito senza Hitler? In quale forma?

Molti teorici si pongono ancora la domanda, già sollevata dagli psichiatri convocati al processo di Norimberga. Già nel 1953, Alan Bullock (storico britannico, 1914-2004) spiegava la follia di Hitler con un semplice opportunismo sociale alimentato da un rozzo darwinismo. Negli anni Novanta sono apparse non meno di 12 biografie del

Führer, con varie supposizioni: desiderio di divinizzazione personale, anarchia autodistruttiva, ecc. Altri hanno scritto che il fascino della figura non si rifletteva tanto nella sua personalità quanto nel modo in cui milioni di fedeli lo guardavano, conferendogli piena legittimità.

Sarebbe rischioso cercare di rispondere a queste domande in modo categorico. Tuttavia, si può affermare che il fascino del brillante oratore fu un fattore importante nel plasmare il dramma del nazismo in Germania. La sua personalità carismatica, la sua capacità di auto-politicizzazione costante, il suo desiderio di onnipotenza e le sue ambizioni distruttive fecero dell'ideologia nazista e del suo partito gli strumenti dei crimini abominevoli commessi sotto la sua tutela.

UN FASCINO CONTINUO

Nonostante il riconoscimento del nazismo come movimento politico illegale da parte delle Nazioni Unite, l'antisemitismo e l'odio razziale che esso propugnava non sono scomparsi. Ancora oggi, molti gruppi etichettati come neonazisti continuano a formarsi in Francia, Germania e altrove nel mondo. Riprendono le vecchie idee politiche di Adolf Hitler, in particolare i suoi ideali razzisti contro gli stranieri. Alcuni di questi gruppi sostengono la violenza, altri no. Alcuni negano l'esistenza dei campi nazisti (il cosiddetto negazionismo dell'Olocausto), altri riconoscono la loro natura criminale e sostengono un ritorno al nazionalsocialismo senza i campi di concentramento.

La cancellazione delle prove degli orrori commessi dai criminali nazisti è un punto cruciale nella visione che l'umanità ha oggi di loro; è ciò che permette l'esistenza della negazione dell'Olocausto, di cui si è parlato più volte negli ultimi decenni. Già nel 1943, interi campi furono rasi al suolo dagli stessi membri del partito e furono necessari ampi scavi archeologici per trovare tracce di alcune infrastrutture. Questo è in particolare il caso del campo di Treblinka, le cui camere a gas furono distrutte e le cui fosse comuni erano così piene che i prigionieri furono incaricati dai nazisti di riaprirle e incenerire completamente i corpi traboccanti. Alla fine, le prove concrete di questo genocidio sono davvero poche. Queste prove sono principalmente orali, provenienti da testimonianze di deportati o ex soldati nazisti. È quindi facile per i gruppi neonazisti di oggi negare il genocidio ebraico, per mancanza di prove "sufficienti".

Alcuni di questi gruppi sono fortemente politicizzati, in opposizione alle democrazie attuali, mentre altri sono più in linea con una ribellione generale contro la società odierna, con il desiderio di cambiare il mondo nel suo complesso, non solo da un punto di vista politico.

Se i vecchi ideali nazisti persistono ancora oggi, è anche perché si tratta di un'ideologia affascinante, persino ossessiva. Molte persone collezionano oggetti di un'epoca passata e trasgressiva. Si tratta di rompere la barriera dell'ultimo tabù, in una società che tende a generalizzare la democrazia e a inculcare il dovere della memoria alle generazioni successive. Il segno più visibile di questo fascino è la straordinaria densità della letteratura e del cinema, con una pletora di opere dedicate a questo tema.

Non ci imbarcheremo qui in un'analisi approfondita di tali tendenze, che dovrebbero essere psicologiche, sociali e politiche, e quindi troppo complesse per essere comprese appieno. Si tratterebbe di un'analisi di ciò che può spingere gli esseri umani ad avvicinarsi alla violenza estrema, alla distruzione dell'altro, alla negazione dell' essere umano.

IN SINTESI

- Il nazismo, o nazionalsocialismo, è un'ideologia che combina aspetti politici, filosofici e sociali basati principalmente su sentimenti ultranazionalisti di estrema destra.

- La dottrina nazista era radicale: sosteneva la supremazia della razza ariana, descritta come "razza pura", sul resto della popolazione. Il suo obiettivo era eliminare gli elementi che potevano "degenerare": ebrei, zingari, disabili, omosessuali, gruppi etnici non germanici in generale. L'idea di purificare la popolazione tedesca e di offrirle uno "spazio vitale" era la chiave di volta di questa ideologia chiaramente razzista.

- Il nazismo fu un movimento politico emerso dopo la sconfitta tedesca del 1918, in un contesto di umiliazione rafforzato dall'occupazione delle truppe alleate. Fondato nel 1919, il partito DAP (poi NSDAP nel 1921) fu il partito per eccellenza del movimento nazista. L'ascesa dell'estrema destra nel periodo tra le due guerre non fu unica in Germania: fu presente anche in Italia, con il fascismo di Mussolini, nato come reazione al fallimento del capitalismo delle democrazie liberali.

- Il nazismo fu un'ideologia forte che si affermò rapidamente in un contesto di grave crisi economica e sociale. Promettendo un rinnovamento e un cambiamento radicale, aveva dato speranza alle persone che avevano perso fiducia nei governi precedenti. Il successo del nazismo fu garantito dal carisma dei suoi leader, brillanti oratori in grado di sedurre le folle e di radunarle al loro discorso politico. Adolf Hitler ne fu un esempio lampante.

- Divenuto Cancelliere del Reich nel gennaio 1933 e autoproclamatosi *Führer alla* guida della Germania pochi mesi dopo, Hitler mise in atto la visione del nazismo che aveva esposto nel suo libro *Mein Kampf*, scritto mentre era in prigione nel 1923-1924. Utilizzò la propaganda soprattutto per arruolare un popolo che privò di alternative: il partito nazista era l'unico ammesso in Germania e ogni oppositore della dottrina era minacciato di essere internato in un campo di concentramento.

- Il nazismo portò alla Seconda Guerra Mondiale. Alla fine del conflitto, lasciò un pesante tributo: circa sei milioni di morti, tra cui 75.000 francesi, nei campi di concentramento e di sterminio, in particolare a causa della "soluzione finale" messa in atto nel 1944.

- Il nazismo fu dichiarato "illegale" nel 1945. Il suo processo ha fatto emergere per la prima volta i concetti di "genocidio" e "crimine contro l'umanità".

PER ANDARE OLTRE

FONTI BIBLIOGRAFICHE

Aʏᴄᴀʀᴅ (Mathilde) e Vᴀʟʟᴀᴜᴅ (Pierre), *Hitler contro Berlino 1933-1945*, Parigi, Perrin, 2015.

Aᴢɪᴢ (Philippe), *Les médecins de la mort*, tomi 1-4, Ginevra, Famot, 1974.

Aᴢɪᴢ (Philippe) (a cura di), *Le trésor nazi. Chi l'ha inventato? A chi giova?* Parigi, Historama, numero speciale n. 31, 1978.

Hᴀʟᴛᴇʀ (Marek), *Les révoltés de la Shoah. Raccolta di testimonianze e racconti*, Parigi, Omnibus, 2010.

Hɪᴛʟᴇʀ (Adolf), *Mein Kampf. Mon Combat*, Paris, Nouvelles Éditions Latines, 1979.

Lᴇᴠɪssᴇ Tᴏᴜᴢᴇ́ (Christine), *Paris libéré, Paris retrouvé*, Paris, Gallimard, 1994.

Mᴏᴜʀʀᴇ (Michel), *Le Petit Mourre. Dictionnaire d'histoire universelle*, Paris, Bordas, 2004.

Wɪᴛᴛᴍᴀɴ (Robert) e Kɪɴɴᴇʏ (David), *Il diario del diavolo. I segreti di Alfred Rosenberg, il cervello di Hitler*, Parigi, Éditions de Noyelles, 2016.

FONTI AGGIUNTIVE

Aʀᴇɴᴅᴛ (Hannah), *Eichmann a Gerusalemme*, 2e ed, Paris, Gallimard; coll. "Folio Histoire", 1997.

Bᴜʀʀɪɴ (Philippe), *Fascismo, nazismo, autoritarismo*, Parigi, Seuil, 2000.

CHAPOUTOT (Johann), *La loi du sang. Penser et agir en nazi*, Paris, Gallimard, 2014.

GUÉNO (Jean-Pierre), *Paroles d'étoiles. Mémoire d'enfants cachés 1939-1945*, Parigi, Radio France, 2002.

KERSHAW (Ian), Che cos'è il *nazismo? Problèmes et perspectives d'interprétation*, Paris, Gallimard, 1992.

KERSHAW (Ian), *L'opinione pubblica tedesca sotto il nazismo: la Baviera 1933-1945*, Parigi, CNRS Éditions, 1995.

OVERY (Richard) e altri, *Atlante storico del IIIe Reich. 1933-1945: La société allemande et l'Europe face au système nazi*, Paris, Autrement, 1999.

POBLETE (Maria), *Lucie Aubrac: "Non au nazisme"*, Arles, Actes Sud, 2008.

FILM E DOCUMENTARI

Fino all'ultimo. La distruzione degli ebrei d'Europa, film in otto parti diretto da William Karel e Blanche Finger, Francia, 2015.

The Wave, film diretto da Dennis Gansel, con Jürgen Vogel, Germania, 2009.

La caduta, film diretto da Olivier Hirschbiegel, con Bruno Ganz, Alexandra Maria Lara, Germania, 2005.

Hitler. La nascita del male, film diretto da Christian Duguay, con Robert Carlyle, Stockhard Channing, Jena Malone, Canada-Usa, 2003.

Shoah, film diretto da Claude Lansmann, Francia, 1985.

FONTI ICONOGRAFICHE

Hitler, cancelliere della Repubblica di Weimar, si rivolge al *Reichstag*, l'assemblea legislativa tedesca, il 23 marzo 1933. Durante questa sessione approvò la Legge di abilitazione, o Legge sui pieni poteri, con la quale poteva d'ora in poi promulgare leggi senza l'approvazione del *Reichstag*. La fotografia qui riprodotta è considerata libera da copyright.

Manifesto di propaganda anticristiana. La foto riprodotta è considerata libera da diritti.

Congresso di Norimberga, 1934. La foto riprodotta è considerata libera da diritti.

Membri del *Bund Deutscher Mädel* mentre fanno ginnastica, 1941. La foto riprodotta è considerata libera da diritti.

Manifesto di propaganda nazista, 1938: "Il NSDAP si occupa della comunità popolare. Compagni, se avete bisogno di consigli o di aiuto, rivolgetevi alla sede locale del partito". La foto riprodotta è considerata libera da copyright.

I crematori del campo di concentramento di Buchenwald, 1945. La foto riprodotta è considerata libera da diritti.

Benito Mussolini durante la marcia su Roma, ottobre 1922. La foto riprodotta è considerata libera da diritti.

Sfilata di truppe SA davanti a Hitler nel 1935. La foto riprodotta è considerata libera da diritti.

Cartello tedesco con scritto: "Qui non si servono ebrei". Museo ebraico di Berlino. La foto riprodotta è considerata libera da diritti.

Uomo che indossa una stella ebraica. Germania, 1941. La foto riprodotta è considerata libera da copyright.

Giovane membro della Gioventù nazionalsocialista danese, Copenaghen, giugno 1941. La fotografia riprodotta è considerata libera da copyright.

Anton Drexler. La foto riprodotta è considerata libera da diritti.

Hitler nel 1927, del fotografo Heinrich Hoffmann, Deutsches Bundesarchiv. La foto riprodotta è considerata libera da copyright.

Heinrich Himmler nel 1938. La foto riprodotta è considerata libera da copyright.

Joseph Goebbels. La foto riprodotta è considerata libera da diritti.

Adolf Eichmann nel 1942. La foto riprodotta è considerata libera da copyright.

Hermann Göring durante il processo di Norimberga. La foto riprodotta è considerata libera da diritti.

Vogliamo sapere da voi!
Lasciate un commento sulla vostra biblioteca online
e condividete i vostri libri preferiti sui social media!

Master ISBN: 9782808608428
ISBN cartaceo: 9782808609630
Deposito legale: D/2023/12603/148

Design digitale: Primento,
il partner digitale degli editori.